一句话奇闻百科

空前绝后篇

[美]雷普利公司 编　曹玉霞 译

浙江少年儿童出版社·杭州

提问:
什么时候沙丁鱼
不是沙丁鱼?

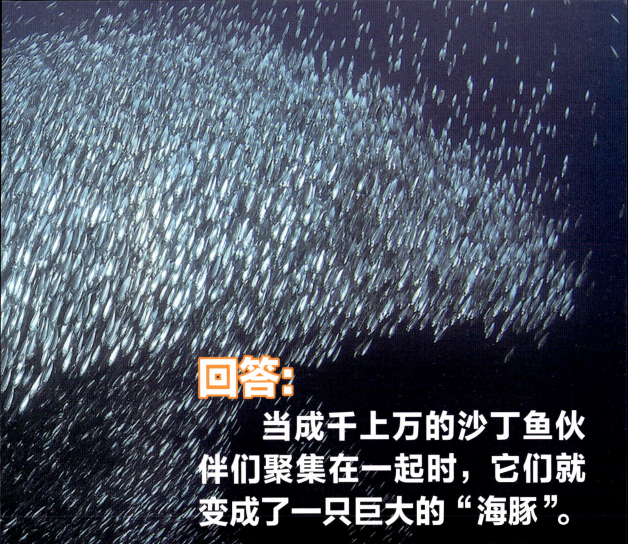

回答：
　　当成千上万的沙丁鱼伙伴们聚集在一起时，它们就变成了一只巨大的"海豚"。

这张照片是由一个菲律宾的摄影师拍到的。照片中巨大的沙丁鱼群组成了海豚的形状。成千上万的沙丁鱼聚集在一起是为了保护自己不被猎食者吃掉。

鼻涕虫
没有鼻子。

天哪！

它是怎样闻气味的呢？

箱水母的**毒液**
能够毒死
50个成年人。

4

鳄鱼吃石头!

石头不仅能帮助鳄鱼消化食物，还能使鳄鱼更好地潜入水中并在水下保持平衡。

海龟能用屁股"呼吸"。

妈妈快看，好多可爱的泡泡！

尽管海龟像很多动物一样主要靠肺呼吸，但是它们的屁股上有一对液囊，能够吸入水，抽出水中的氧气。因此，海龟真的可以用屁股"呼吸"。

马**不会**呕吐。

因为马吞下食物后，它的胃的上口就关闭了。食物就像进入了一条单行道，只能进去，不能返回。

袋鼠不会向后跳。

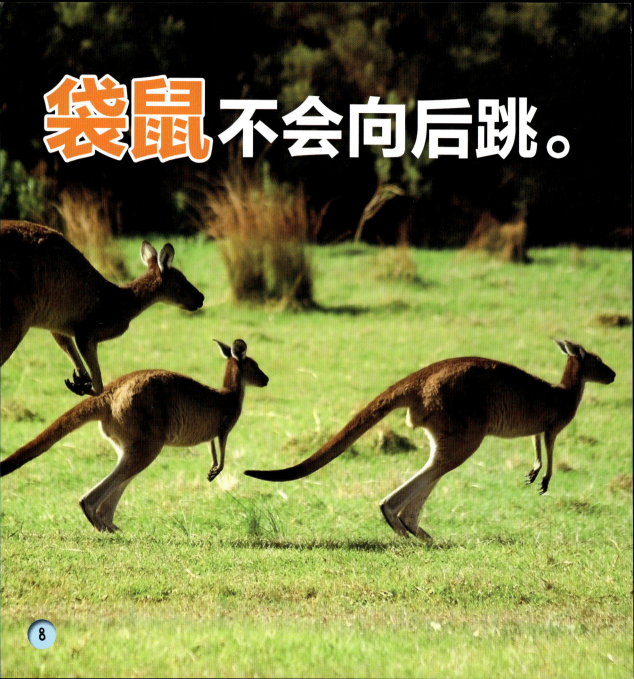

一只箭毒蛙的毒液足以毒死 10 个成年人。

狗通过 脚出汗

——它们大部分的汗腺分布在脚爪子的肉垫上。

发生了什么事？

英国农场里的一头奶牛不知怎么回事，把脑袋卡在了梯子里。

偷偷爬梯子玩？

站在梯子下正好被砸中？

这个可怜的家伙把自己的脑袋卡在梯子的横档之间了！动物营救人员赶来把它救了出来，并放回了牛群。

我正忙着吃草！

苍蝇在吃完东西后，会把食物吐出来，**再吃下去！**

实在太小了！

米莉很可能是世界上最小的狗了。它在三个月大时就停止了生长，体重不到170克。

吉娃娃通常能长到15～25厘米高，但米莉仅有6.5厘米高。

这是狗、狮子，还是斑马？

在美国的一些比赛中，人们打扮宠物狗已经走向了极端。人们给这些娇生惯养的宠物狗修剪毛发、染上颜色，装扮成其他动物甚至电影角色。更夸张的是，有些宠物甚至被装扮成斑马、熊猫等多种动物的混合体。

斑马纹裤子

我觉得自己太奇怪了！

狮子鬃毛围脖

长长的假尾巴

龙虾的血是蓝色的！

砍这儿！

蟑螂
在没有头的情况下
还能活一个星期。

16

牛没有你想象中的温驯。
在美国，每年被牛
踩伤的人
比被鲨鱼
袭击的人还要多！

蚯蚓有**许多个**心脏。

蓝鲸的心脏和一辆小汽车差不多大。

蓝鲸的心脏一分钟跳9次。人的心脏一分钟大约跳70次。

倭河马的便便会飞！

它在拉便便的时候甩动尾巴，把粪便甩出去，用来标记自己的地盘。

毛茸茸的

剪羊毛前

绵羊史雷克在新西兰的一个山洞里躲藏了6年，当它被人们发现时，身上的羊毛重达27千克！

庞然大物

剪羊毛后

蜗牛能分泌一种黏液来保护自己，就算是从**剃刀的刀刃**上爬过，它也完全不会受伤！

老鼠几乎能咬穿任何东西！

它们是导致四分之一的电缆和电话线故障的罪魁祸首。

老鼠每年吃掉或破坏掉地球上**五分之一**的粮食。

信不信由你，山羊会爬树！这种树叫阿甘树，主要生长在摩洛哥。山羊很爱吃树上像橄榄一样的果实。

这一定是在开玩笑！

有些鲨鱼能用鳍在水底行走。

旗鱼

能以每小时109千米的速度跃过空中。

大象每天大约排出90千克的粪便。

当心！

雀尾螳螂虾的螯很强壮，能打碎防弹玻璃！

疯狂

跳跃

兔子障碍赛是一项有趣的新型运动，最早开始于斯堪的纳维亚半岛，现在风靡全球。参赛兔子拥有完美体形，它们长着长长的腿和长长的脊背。冠军们能跳过1米高的障碍物，在跳远比赛中，它们能跳到3米远。

全神贯注

腿蜷起来

令人惊叹的"大腾空"

这个跳跃动作堪称经典，简直可以载入教科书，大家快来看一看吧！

1000000只
蝗虫
成群飞舞！

33

海星的断臂能重新长出来。

海星的一条断臂或一部分躯干就能长成一只全新的海星！

蜘蛛的大脑**真大**，竟然一直长到了它的腿部！

幸运的小鸭子

这只幸运的小鸭子腿骨骨折后穿上了特制的鞋子，这样它又能走路了。这只特制的鞋子还能帮助它的腿尽快恢复正常。

36

蹦呀蹦!

一只英国的小猪非常会玩蹦床。有一天主人无意间把它放在女儿的蹦床上，才发现了它的这项特殊本领。

妈妈，什么时候才能轮到我？

好冷呀!

这些燕子在加拿大猛烈的暴风雪中紧紧地挤在一起，互相取暖。

实际尺寸

美洲牛蛙的蝌蚪
能长到17.2厘米!

普通蝌蚪

美洲牛蛙的叫声很低沉，听起来像母牛的叫声。

有些水母
会吃掉自己的
孩子。

奶牛、狗和鸟生活的地区不同，口音也会各不相同。

鱼鳞能被用来制作珠光唇膏。

来，嘬起嘴唇！

这些鸡刚从英国的农场救出来的时候，身上几乎都是光秃秃的。动物保护官员给它们穿上这些色彩鲜艳的背心来保暖。

你好啊！

你们好，女士们！

刚出生的加拉帕戈斯象龟体重只有妈妈的三千分之一。

256千克

87克

这个小家伙要花三十年的时间才能长到像妈妈那么大。

毛鼻袋熊的**便便**是方的。

备用的 "零件"

蛇蜥没有脚，有时候它还会没有尾巴——如果它遭到袭击，会立即断掉尾巴。而掉下来的尾巴会扭动到其他地方引开袭击者。

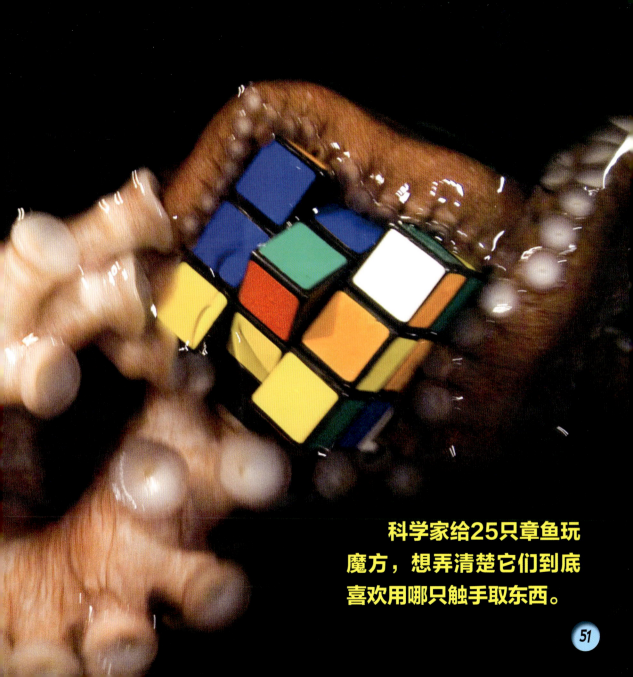

科学家给25只章鱼玩魔方，想弄清楚它们到底喜欢用哪只触手取东西。

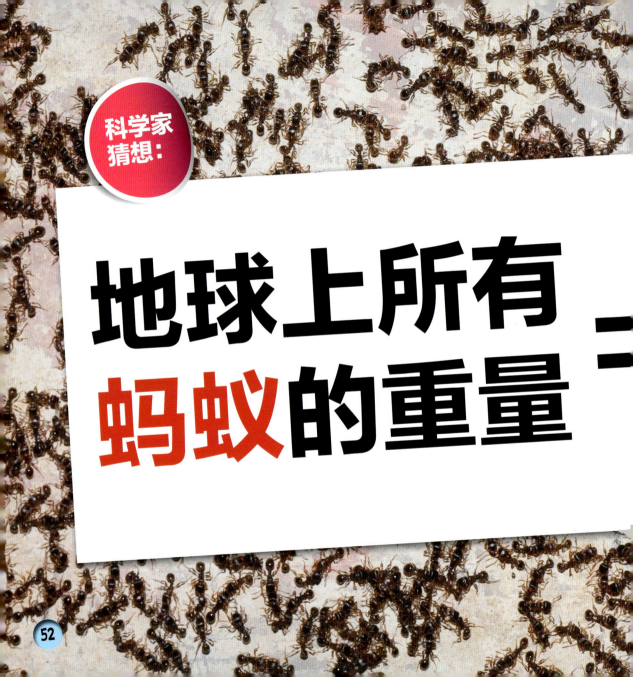

地球上所有人的重量

挤一挤！

这只小猫很喜欢在各种狭小的空间里钻进钻出。它出生几周后就开始钻进各种瓶子里，现在更是会躲进一些让人想不到的地方，包括洗衣机里！

找到了，原来小猫躲在这儿！

角蝉

看出来了吗，这些长而尖的刺其实是一些雌性角蝉，它们以吸食树枝的汁液为生。它们伪装得真好！

壁虎仅靠**一个脚趾**就能悬挂在天花板上。

章鱼有**三个**心脏。

乌贼一秒钟就能变换好几次颜色。

60

我是一头红色的羊!

让一让,羊群来啦!为了让开车路过的人注意到羊群,英国一家农场的主人把这群羊染成了红色。有时候,农场主为了方便计数或者防止羊被偷,会把羊群染成各种不同的颜色。

看得出我是个男孩吗？

鹦鹉韦泊长得和其他的鹦鹉不太一样，因为它得了"鸡毛掸子"病。它的羽毛不停地疯长。当它抖松羽毛的时候，看上去真的很像一把鸡毛掸子。

我什么也看不见啦！

神枪手！

哎哟！

射水鱼可以通过喷射水柱来捕捉空中的猎物，哪怕猎物在1.5米开外，它们也能一击而中。如果猎物离水面很近，它们甚至能直接跃出水面用嘴巴来抓捕猎物。

看你往哪里跑！

蛇不吃东西
可以存活
6个月。

救命啊！

变色龙的舌头可以伸得和身体一样长。

64

犀牛的皮肤比人的手腕还要厚。

豆娘有两只**巨大的复眼。**它们是由约 30000只 小眼睛组成的。

目前有记录的
年纪最大的
金鱼
已经**40多岁**了。

大象的鼻子上有超过**40000**条肌肉。

超级黏液

鹦鹉鱼晚上会吹出大大的黏液泡泡，保护自己免受寄生虫的伤害。

巨大的枪乌
贼的牙齿，竟然
长在触手里!

贪吃先生!

一只雄性大猩猩一天能吃掉18千克的草、树叶和植物根茎。这相当于你每天吃**500包**薯条!

真好吃!

72

大白鲨为了保护自己的眼球，可以把它们**向内翻转**到脑袋里去。

长颈鹿的脖子和老鼠的脖子一样，都由七块骨头组成。

73

大象艺术家

美国的野生动物园里生活着一头爱好艺术的大象。它会用鼻子卷着刷子画画。迄今为止，它已经创作了50多幅色彩丰富的绘画作品。

河马身上覆盖着红色的黏液!

河马的皮肤会分泌一种玫瑰红色的黏液。这种黏液不但可以防晒、杀菌,还可以防止昆虫叮咬。

袋鼠是游泳高手!

大部分壁虎没有眼睑。它们经常用**舌头**清洁眼睛。

滑稽演员登场!

给大家介绍一些自然界中的滑稽角色。

哇,这家伙的发型真酷!

蚁小蜂

人面蝽

蚱蜢

谁用荧光笔乱涂?

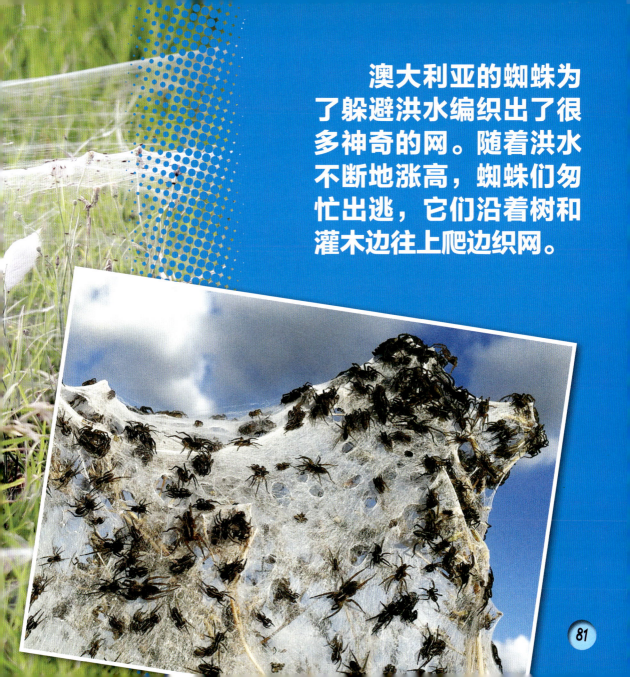

澳大利亚的蜘蛛为了躲避洪水编织出了很多神奇的网。随着洪水不断地涨高，蜘蛛们匆忙出逃，它们沿着树和灌木边往上爬边织网。

防滑的 "拖鞋"

太巧了，我们买的是一样的拖鞋！

北极熊的脚上长有厚厚的毛发和锋利的爪子。脚底还有一些小小的凸起。这些都可以防止它们在冰上滑倒。

逮住你了！

撒网蜘蛛用厚厚的蛛丝编织好一张网。当有猎物靠近时，它会迅速撑开网，把猎物罩住。

刚出生的袋鼠很小，甚至可以装在这个茶匙里。

美国有只**松鼠**经常钻过栅栏偷吃鸟食。一次，它偷吃了太多的花生，以至于无法再从栅栏里钻回去了。

食蚁兽的舌头
每分钟能伸缩
160多次。

长长的 "头发"

普瓦图驴是最古老的驴种之一。它们非常珍稀，全球每年大约只有50头小驴出生。它们的毛很长很长，看起来像一个大拖把。

有四只耳朵的猫

太神奇了，多出来的两只耳朵是听不见声音的！它们就像一对用来保暖的耳罩。

请你再说一遍。

布满伤痕的脸

抹香鲸的猎物中体形最大的要属巨枪乌贼和大王乌贼了。它和这些巨型猎物搏斗时，总是弄得伤痕累累。

玩滑板的斗牛犬

斗牛犬迪尔曼来自美国洛杉矶。它非常擅长玩滑板。它不仅能在公园的斜坡上滑，还能从台阶上滑下去。

聪明的
梭子鱼

在它们还不是很饿，不想立刻吃掉猎物的时候，会把猎物先关押起来。

海胆能用**牙齿**走路！

美国切萨皮克湾的渔民竟然在离岸**2.4千米**远、深24米的水里发现一头白尾鹿在游泳。他们用套索把它拉到船上，带回陆地。

第一步：带上一只毛茸茸的狗。

第二步：让它在雪地里跳。

结果：立刻得到雪球！

如何做雪球

94

好冷呀——

一只小猎狗迫不及待地跑到雪地里玩，但是你看看发生了什么？**它毛茸茸的脚上滚满了大大小小的雪球！** 不过没关系，给它洗个热水澡，脚上的冰雪就融化了。

毛毛虫有 12 只眼睛。

双头蛇非常罕见。
在争夺食物的时候，
它的两个头会打起来。

随风而去

在美国密歇根州的一场大风暴中，一只重2.3千克的吉娃娃狗被大风刮走了。两天以后，人们在800米外的森林里发现了它，神奇的是它居然毫发无损。

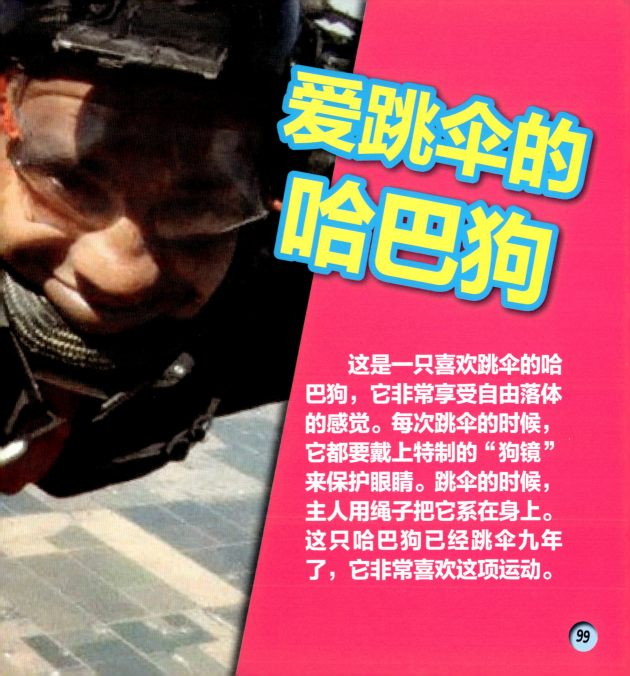

爱跳伞的哈巴狗

这是一只喜欢跳伞的哈巴狗，它非常享受自由落体的感觉。每次跳伞的时候，它都要戴上特制的"狗镜"来保护眼睛。跳伞的时候，主人用绳子把它系在身上。这只哈巴狗已经跳伞九年了，它非常喜欢这项运动。

快来看看这些小丑!

它真的能长成一只漂亮的鹦鹉吗?

这只小啄羊鹦鹉长大后将会长出漂亮的橄榄绿色和橘色的羽毛。

这只猫的昵称是"小鬼"。

这只血统纯正的中国冠毛犬赢得了在美国加利福尼亚州举行的"世界最丑狗大赛"冠军。

哦，它的眼神好可怕！

力大无穷的妈妈

狼蛛妈妈把它的宝宝全都背在了自己的背上。

昆虫没有血液。它们的身体里充满了**绿色**或黄色的黏液。

猫总是**踮着脚**走路。

在这片树林里……

我们要去哪里呀？

野生动物专家装扮成大熊猫来照顾大熊猫宝宝。

为什么？

这些熊猫宝宝在适当的时候将会被放归大自然。为了让它们更好地适应野外生活，中国的野生动物专家想出了好办法，他们假扮成成年大熊猫来引导熊猫宝宝如何生活。

白头雕

会游泳！

如果把鲨鱼肚皮朝天翻过来，它就动不了了！

有人愿意帮我们把帽子摘下来吗？

鸭子走秀

在澳大利亚悉尼举办的家庭秀里，观众们能看到鸭子模特展示各种时装、帽子和礼服的表演。时装秀的压轴戏是一对鸭子穿着结婚礼服扮演新郎、新娘走秀。

听音乐的奶牛产奶更多。

纽形动物找不到食物的时候，会吃掉自己的身体，就算吃到只剩下身体的5%，它还是能够存活下来。

小狗不见了！

一个英国的4岁男孩想给自己一周大的小狗洗个澡。他竟然把小狗放进马桶里冲洗，结果小狗被冲走了！后来，管道修理工在离他家20米外的管道里救出了这只小狗。

可怜的小狗！

大胆地去
小鸡从来没去
过的地方！

美国加利福尼亚州一所学校的学生在研究太空天气的时候，把一只橡皮小鸡绑在氦气球上，发射了出去。两个半小时以后，气球爆炸，小鸡乘着降落伞安全返回地面。

幸运的橡皮小鸡

襁褓中的蝙蝠宝宝

呼噜噜……

澳大利亚发生了一场严重的水灾，许多蝙蝠宝宝成了孤儿。为了救助这些蝙蝠宝宝，人们专门设置了一个育婴室来照顾它们。看，它们被包裹在软软的毯子里，好温暖！

笨拙的类人猿

大约有50%的猩猩 **骨折过。**
这是因为它们经常从树上掉下来。

海星能把自己的**胃**从嘴巴里伸出来吃东西。

天哪！

蜗牛一次能睡3～4年。

119

企鹅不只生活在冰天雪地的地方。**非洲**也有企鹅生活。

灰海豹一次
只睡90秒钟。

北极熊能闻到
32千米以外的
人体气味。

鼹鼠一天就能够挖掘22米长的地道。

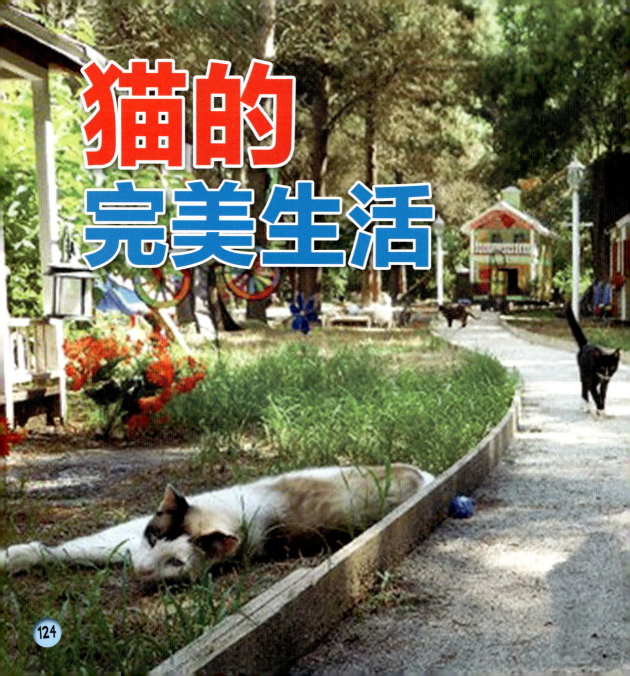

猫的完美生活

卡布德牧场位于美国佛罗里达州。这个牧场有12万平方米大，里面饲养的全是猫咪。更特别的是，牧场的主人将牧场建成了一个符合猫咪尺寸的小镇。小镇里设有市政厅、警察局等各种设施。卡布德牧场现在已经成为660只猫咪的幸福家园。

狮子的
犬齿能长到
7.5厘米长。

蟒蛇能够吞下一整只袋鼠!

哎哟,肚子好胀啊!

英国的一只杰克罗素梗犬在咀嚼一封信的时候,嘴巴被信上的胶水给粘住了。

我爱溜冰

停——
停不下来！

企鹅罗莉非常喜欢溜冰。它甚至加入了国家轮滑协会。

凉飕飕

英国的一名九岁女孩让25只蜗牛从她的脸上爬过。虽然蜗牛凉凉的，气味也不太好闻，但这个小女生很放松。她甚至可以看到蜗牛们用长长的眼睛看着她。她的胆子可真大！

看谁先爬到顶上！

等等我……

小猫头鹰的新家

真好玩！

一名野生动物园的管理员把两只六个星期大的小猫头鹰养在了自己家里。两只小猫头鹰把厨房里的杯子当成了新家。它们还喜欢藏在狗篮里或书架上。

这个杯子不错！

下雨时，蜜蜂无法飞行。

一只花园蜗牛绕赤道爬行一圈需要95年。它的爬行速度为每秒钟13毫米，是所有蜗牛里速度最快的。

天啊，鹿来了！

一头鹿闯进了美国宾夕法尼亚州的一户人家里，并在那户人家的浴缸里洗起了泡泡浴。它不但闯入了屋里，爬进了浴缸，打翻了芳香泡沫剂，竟然还设法打开了水龙头！

全都是
坚果

哪些是我的呢？

橡树啄木鸟会花好几个小时在树干上啄出许许多多的小洞，然后再把从橡树上衔来的橡果仔仔细细地塞入大小合适的小洞里。

只要把短吻鳄翻过来，
给它的脖子施加压力，就能
在30秒内把它催眠。

鲨鱼
没有硬骨。

噗！

遇到敌人时，斑臭鼬会先倒立，然后喷射出恶臭的液体。它的臭液能喷射到**4.5米**以外，会使敌人暂时失明。

接招！

团队合作

先到的蚂蚁会用自己的身体搭成一座桥，让后面的同伴顺利地跨过这个缺口。

海豚的新娘

在以色列举行了一场特殊的婚礼。一位妇女和一头相识15年的海豚结婚了。婚礼上，新娘跪在地上，给了海豚新郎一个吻和一条鲱鱼。

河豚为了吓跑攻击者，会把身体膨胀到平时的三倍大。它是如何做到的呢？把身体里的气囊充满气就可以了。

饥饿 的老鼠竟然会吃掉自己的 尾巴！

长颈鹿能够舔到自己的耳朵。它舌头的长度超过30厘米。

拳师蟹的
秘密武器

它在干吗？

这种螃蟹会用两只螯抓住海葵去击退敌人。

铺天盖地而来！

成千上万的鱼一起游动形成了巨大的鱼群！

别挤啦！

树袋熊不喝水。

不，谢谢，我不喝水。

这是为什么？

　　树袋熊几乎不用喝水，因为它们唯一的食物——桉树叶的含水量达到50%。树袋熊可以通过嗅觉来判断桉树叶的生长时间。因为桉树叶的热量很低，所以树袋熊每天要睡20个小时。

有些青蛙没有耳朵。

真的没有耳朵。

巴拿马金蛙没有外耳——它们的肺能接收声波，并直接传导给鼓膜。

红鹳吃东西时必须把脑袋上下颠倒。

海象

吮吸的力量是吸尘器的三倍。这或许能解释为什么它的胃里装满了小石子。

蚯蚓没有眼睛、耳朵和鼻子。

迷你 雨衣

在特别寒冷的季节，农民会给小羊羔穿上大红色的塑料外套。这些外套不仅能够保暖，还可以吓跑狐狸等捕食者。

活动的大餐！

这条毛毛虫体侧的花纹看上去很像笑脸，可是它其实一点也笑不出来。寄生蜂已经在它身体的里里外外都产了卵。寄生蜂的幼虫孵化出来后，就会把这条毛毛虫当作大餐享用了。

好痒啊！谁能帮我挠挠背？

2千万只蝙蝠住在一个洞穴里!

美国得克萨斯州的布拉肯洞穴里住了太多的蝙蝠，如果所有的蝙蝠都离开洞穴，需要**3个多小时**。

如果不想在晚高峰时堵在路上，现在必须出发了！

草原犬鼠见面的时候会彼此亲吻和拥抱。

那我呢？总是留下我一个，没有人拥抱我……

生死相随

垂钓鱼繁殖的时候，体形小的雄鱼会用嘴巴死死咬住体形大的雌鱼。神奇的是雄鱼的身体会逐渐融合到雌鱼的身体里，终身附着在那里。

哎哟，不要再咬我的屁股了！

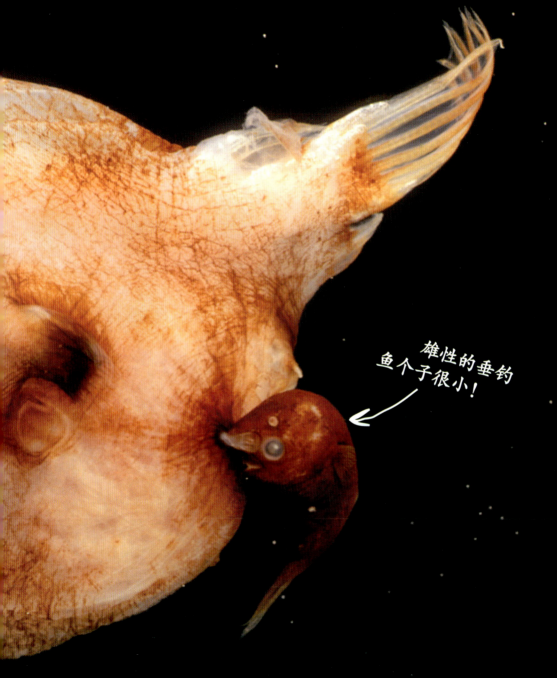

雄性的垂钓
鱼个子很小！

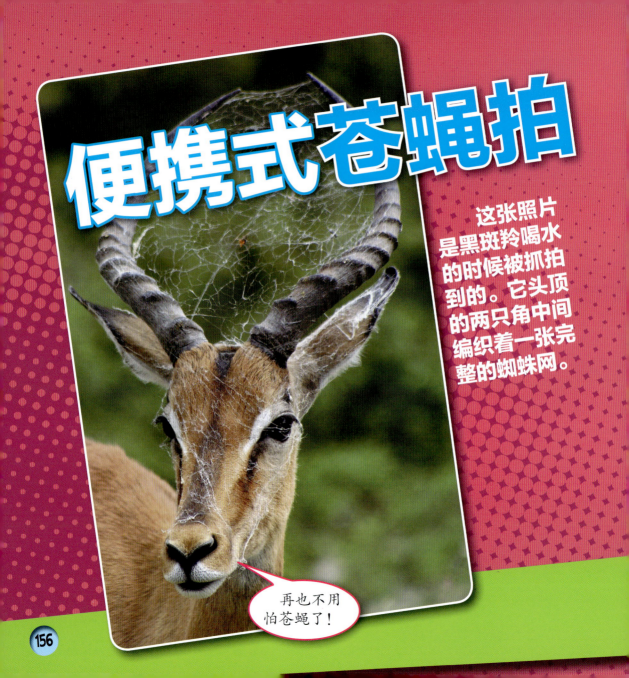

便携式苍蝇拍

这张照片是黑斑羚喝水的时候被抓拍到的。它头顶的两只角中间编织着一张完整的蜘蛛网。

再也不用怕苍蝇了！

大家晚安！

伙伴

海獭们睡觉的时候喜欢手牵着手，
这样就不怕在睡梦中被海浪冲散了。

鼹鼠吃蚯蚓之前，会像**挤牙膏一样**，把蚯蚓肮脏的粪便**挤出来**。

真恶心！

蜜蜂能用触角准确地定位5千米以外的**苹果树**。

2008年，一只乌龟从英国的家中走失。两年以后，人们在离家仅2.4千米的地方发现了它。

蚊子喜欢叮咬脚臭的人。

怪不得我老是被咬！

站着

这是真的吗？

山羊也会晕倒？这是千真万确的！这种会晕倒的山羊叫晕厥羊，它一旦受到惊吓，身体就会立刻变得僵硬，倒在地上，大约过15秒钟以后，它又会重新站起来。

重新站起来

躺下

贪婪的 胃

　　虎鲨几乎什么东西都吃。科学家们在这些"捡破烂者"的胃里发现了各种各样的东西，比如睡衣、轮胎、细铁丝网、煤炭、鞋子、午餐肉、破布、瓶子，甚至一条狗！

稀里呼噜······

注意奶牛的舌头，危险!

美国田纳西州的一幢房子被奶牛舔破了！这幢房子离牛栏仅有几十厘米远，奶牛把脑袋从栅栏里伸出来，用强有力的舌头舔破了一根排水沟和一扇纱窗。

我舔，舔，舔！

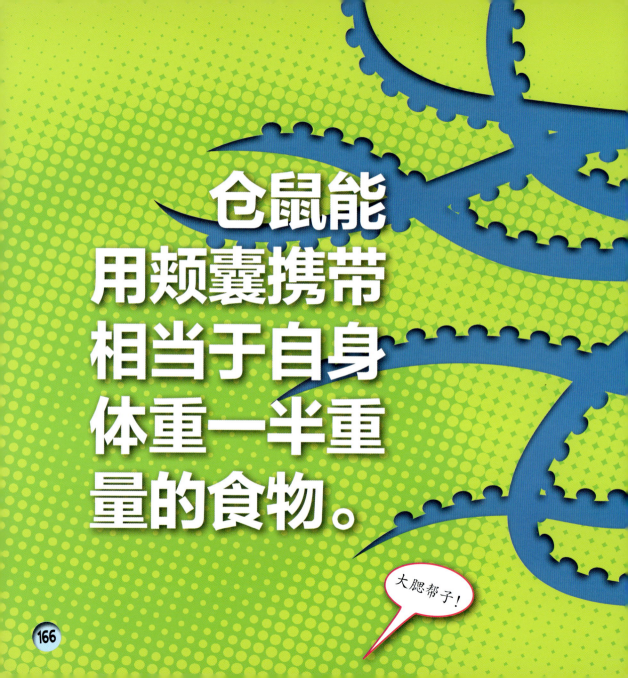

一只
蓝环章鱼
分泌的**毒液**足以
毒死**26个成年人。**

白头海雕的巢重达
1800千克！
相当于
两辆微型小汽车
的重量！

球来了！

有人打网球吗？

这只小狗非常喜欢玩网球。它能用嘴巴同时衔住五个网球！

左，右，左……
前进！

棘刺龙虾在海底行进时，会用自己长长的触角抓住前面的伙伴。每年冬天都有超过50只的棘刺龙虾排着队迁徙到温暖、平静的水域去产卵。

深海里的光

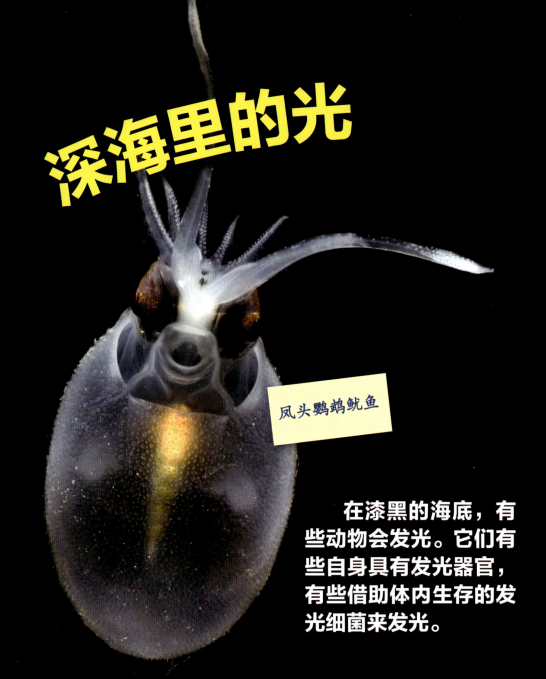

凤头鹦鹉鱿鱼

在漆黑的海底，有些动物会发光。它们有些自身具有发光器官，有些借助体内生存的发光细菌来发光。

哇，真漂亮！

红虾

栉水母

小塘鹅吃了太多的鱼，

飞不起来了。

它们不得不
饿上几个星期，
直到体重轻到

可以起飞为止。

章鱼没有骨骼，它们有时甚至能够从一个仅仅比自己的眼球大一点的口子中钻出来。

各就各位，预备……跑！

成年棕熊跑得和马一样快。

你发现没，吸管折弯了，这个小家伙什么也喝不到了，除非……

真好喝！

嗯，就是这个办法，现在要小心一点了！

这只金花鼠口渴了，它发现了一杯凉凉的鲜榨橙汁，那一定非常解渴。可是杯子有点高，它先用吸管喝，后来干脆直接把头钻入杯中，将橙汁全部喝光。

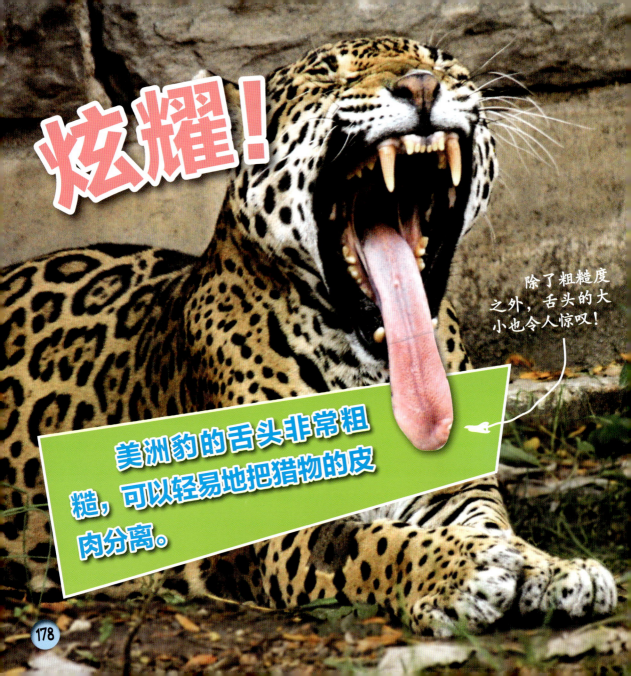

炫耀！

除了粗糙度之外，舌头的大小也令人惊叹！

美洲豹的舌头非常粗糙，可以轻易地把猎物的皮肉分离。

鳄鱼的舌头无法从嘴里伸出来。

狼的嗅觉比人类敏锐100倍。

美味的食物

红嘴牛椋鸟是依靠非洲大型哺乳动物生存的。它们喜欢吃黑斑羚等哺乳动物身上的寄生虫。

舒服多了！

180

为什么小鸭子会认为它们的妈妈是个白色的球？

妈妈？

科学家发现小鸭子通常会认为它出生后第一个看到的能够活动的物体就是妈妈。如果这个活动的物体是个白色的球，那么它会认为这个球就是自己的妈妈！

幻想节

狗狗们穿戴时髦的装备来参加美国佛罗里达州的宠物化装比赛。有一些主人甚至和狗狗一起穿上了配套的衣服。

说真的，有谁听说过一只狗狗穿成龙虾的模样？

深层
清洁服务

海龟来到了水下"清洁服务站"。这些黄高鳍刺尾鱼会帮它把身上的海藻去掉，让它可以焕然一新地出发。

蜂鸟是唯一可以向后飞行的鸟。

一只老鼠有225块骨头。一个人仅有206块骨头。

海豚的牙齿比其他哺乳动物要多得多。它们牙齿的数量可以多达100颗。

犰狳可以把鼻子深埋在
土里猎食昆虫，为此它们可
以屏住呼吸长达6分钟。

第二步：摸黑大逃亡。

警报解除，掩护我！

胜利大逃亡

聪明的狗能把自己和朋友们从狗狗之家的笼子里放出来。一只名叫瑞得的狗连续几晚用鼻子和牙齿打开了狗舍的门，带着同伴一起去厨房享受美食。每天早晨，工作人员都会在厨房里发现它们。为了知道它们是如何逃跑的，工作人员不得不在狗舍里架起摄像机，这才真相大白。

一头普通大象的鼻子能吸4升水。一头成年雄象的鼻子能吸10升水。

澳大利亚的野猪比人还多——那儿有2100万居民，2300万头**野猪！**

蜈蚣的腿是奇数对的。

粉粉的海豚

我是不是很特别？

美国路易斯安那州的近海湖泊发现了一头患有白化病的宽吻海豚。这头海豚是亮粉色的。人们亲昵地称它为"小粉"。

鲇鱼有超过

25万个 味蕾!

　　不仅仅嘴里和鳃里有，它的胡须、鱼鳍、背部、肚子、体侧和尾巴上都有味蕾。

古怪的水滴鱼

嗯，我确实需要变得强大一点。

水滴鱼 生活在澳大利亚东南海岸的深海里。可惜的是，这种长相怪异的鱼已经濒临灭绝。

英国有一只长着 26 个脚趾的猫。

这只猫每只前爪都有7个脚趾，每只后爪都有6个脚趾，比正常的猫整整多了8个脚趾。

鬣狗的颌极为有力，能够轻轻松松地咬碎玻璃瓶而不伤到自己。

水蛭有数以百计的尖利小牙齿，还有5对眼睛。

太多了吧！

豪猪
能**在水里**
漂浮起来。

睡美人

抹香鲸睡觉时
身体垂直于水面。

绿毛龟？

这个小家伙在澳大利亚的一条河里被发现。它是一只濒临灭绝的玛丽河龟，它古怪的绿头发实际上是长在头顶的水藻。

澳大利亚的琴鸟几乎能模仿所有的声音，包括链锯、移动电话、汽车警报器、狂吠的狗，甚至婴儿哭泣的声音。

温柔的谎言

我爱妈妈！

英国野生动物园的四只小猫头鹰被妈妈抛弃了。饲养员给这些猫头鹰宝宝准备了一个玩具猫头鹰。猫头鹰宝宝们开心地依偎在假妈妈的翅膀下取暖。

笑口常开！

这个小家伙被称为"笑脸蜘蛛"，它是夏威夷雨林特有的一种蜘蛛。这种小小的、珍稀的动物大约只有**5毫米**长。

大嘴巴！

雄性后颌鱼保护鱼卵的方法就是把它们含在自己巨大的嘴巴里。

希望爸爸现在不饿！

树懒吃饭、睡觉、产仔都是倒着的！

是不是很酷？不过我吃东西的时候，食物碎屑会掉入眼睛里。

一小块大象的粪便中就有

7000只

屎壳郎。

报告，前方有便便！

哇！

在日本发现一个巨型的蚂蚁部落。在2.5平方千米的范围内，建有45000个相互连接的蚂蚁窝，里面居住着3亿多只蚂蚁。

谁在那儿？

猫头鹰的听力比人类好**十倍**。它们能把脖子旋转270度，来确定声音到底来自哪里。

头发去哪儿了？

这只小狒狒的妈妈经常舔它的头皮，结果把它舔成了一个秃头。

小鼯鼠生下来就没有头发。

斯芬克斯猫全身无毛。

蜘蛛
大军

成千上万只收割蛛聚集在一起移动，看起来就像一个可怕的巨型怪物。

蓝鲸的主动脉很粗，能让一个成年人游泳通过。

当然在那里游泳的可能性几乎为零。

主动脉就是给身体供血的主要动脉。

一头雄性非洲象的重量与 **100个** 成年男性差不多。

信不信由你，**北极熊**的皮肤是黑色的！

蜜蜂的
眼睛上居然
长毛。

图片出处

图书在版编目（ＣＩＰ）数据

一句话奇闻百科. 空前绝后篇 ／ 美国雷普利公司编；曹玉霞译. -- 杭州：浙江少年儿童出版社，2016.11
（这是真的吗）
ISBN 978-7-5342-9476-1

Ⅰ．①一… Ⅱ．①美… ②曹… Ⅲ．①科学知识－少儿读物 Ⅳ．① Z228.1

中国版本图书馆 CIP 数据核字（2016）第 183898 号

责任编辑：柳红夏
美术编辑：吴　珩　柳红夏
封面设计：宸唐工作室
责任校对：冯季庆
责任印制：吕　鑫
版权策划：上海淘乐思文化传播有限公司

这是真的吗
一句话奇闻百科　空前绝后篇
YIJUHUA QIWEN BAIKE KONGQIANJUEHOU PIAN

[美] 雷普利公司 编　曹玉霞 译

浙江少年儿童出版社出版发行
杭州市天目山路 40 号　310013
深圳市福圣印刷有限公司印刷
全国各地新华书店经销
开本 850mm×1168mm　1/24
印张 9.1666　字数 112500　印数 1-10120
2016 年 11 月第 1 版
2016 年 11 月第 1 次印刷

ISBN 978-7-5342-9476-1
定　价：32.00 元
（如有印装质量问题，影响阅读，请与承印厂联系调换）